AÇÃO INTEGRADA

Administração, Supervisão e Orientação Educacional

Dados Internacionais de Catalogação na Publicação (CIP)
(Câmara Brasileira do Livro, SP, Brasil)

Lück, Heloísa
Ação Integrada : Administração, supervisão e orientação educacional / Heloísa Lück. – 25. ed. – Petrópolis, RJ : Vozes, 2007.

Bibliografia
ISBN 978-85-326-0425-5

1. Escolas – Organização e administração 2. Supervisão escolar 3. Orientação educacional I. Título.

07-7635 CDD-371.2

Índices para catálogo sistemático:
1. Administração educacional 371.2

HELOÍSA LÜCK

AÇÃO INTEGRADA

Administração, Supervisão e Orientação Educacional

EDITORA VOZES

Petrópolis

Rua Frei Luís, 100
25689-900 Petrópolis, RJ
Internet: http://www.vozes.com.br

Capa: Marta Braiman

ISBN 978-85-326-0425-5

Este livro foi composto e impresso pela Editora Vozes Ltda.

Sumário

Sumário

INTRODUÇÃO

A administração da escola, a supervisão escolar e a orientação educacional se constituem em três áreas de atuação decisiva no processo educativo, tendo em vista sua posição de influência e liderança sobre todas as atividades desenvolvidas na escola. O clima emocional de trabalho, o estabelecimento de prioridades de ação, o tipo de relacionamento professores-professores, professores-alunos, escola-comunidade, dentre outros aspectos importantes da vida escolar, dependem, sobremaneira, da atuação dos elementos que ocupam aquelas posições.

A escola, como um sistema social, se compõe de um conjunto de funções, todas elas mais ou menos inter-relacionadas e todas elas interinfluentes, de sorte que a maneira como são conduzidas as ações em uma determinada área afetam, de alguma forma, as ações de outra área. Dessa interinfluência nem sempre se tem consciência e, portanto, nem sempre se age de maneira a somar esforços, de acordo com um ponto de vista e objetivos comuns. As conseqüências, nesse caso, são sempre negativas.

Este documento tem por objetivo, pois, examinar aspectos relacionados à atuação do diretor da escola, do supervisor escolar e do orientador educacional, sob o enfoque de sistema, e propor a adoção de uma linha integrada de ação na perspectiva do processo de consultoria, pela qual se pode promover o desenvolvimento da escola como um todo e não apenas a resolução de problemas imediatos, de acordo com o seu surgimento. O processo de consultoria, antes de oferecer estratégias de ação, utilizáveis pelas três áreas, oferece um ponto de vista, uma finalidade desenvolvimentista que, uma vez assumida, facilita o estabelecimento da articulação e harmonização dos profissionais envolvidos e, conseqüentemente, a somatória dos seus esforços.

Segundo o ponto de vista do processo de consultoria, a ação educativa passou a ser desenvolvida de tal maneira que se promove a descentralização da ação escolar e, portanto, a maximização dos seus recursos humanos. O professor, por exemplo, é envolvido (e assistido) em sua tarefa de analisar, propor, decidir a respeito de ações pedagógicas e curriculares a serem desenvolvidas em sua sala de aula, de maneira que, por esse envolvimento, não é apenas o executor de idéias propostas por outrem.

A ESCOLA COMO SISTEMA E A DIVISÃO DE TRABALHO

A fim de se conhecer, analisar e controlar o que se passa dentro da escola e direcionar as inovações necessárias ao bom desempenho de suas funções, sem que se corra o risco de se tomar posições e medidas unilaterais e exclusivas a alguns setores, em desconsideração ou até em detrimento de outros setores e do conjunto, é preciso examinar a escola por meio de uma concepção sistêmica.

Por sua própria função, a escola constitui-se em uma organização sistêmica aberta, isto é, em um conjunto de elementos (pessoas, com diferentes papéis, estrutura de relacionamento, ambiente físico, etc.), que interagem e se influenciam mutuamente, conjunto esse relacionado, na forma de troca de influências, ao meio em que se insere.

Dessa forma, qualquer mudança em qualquer dos elementos da escola produz mudança nos outros elementos, mudança essa que provoca novas mudanças no elemento iniciador, e assim sucessivamente. A interinfluência será tanto mais forte quanto maior proximidade e relacionamento tiverem os elementos. Essa interinfluência ocorre, quer tenhamos consciência dela ou não; e o entendimento de como ela funciona na escola é sobremaneira importante, a fim de que esta possa exercer equilibradamente sua função educativa.

Com referência ao relacionamento de mútua influência com o meio em que está inserida, o que a torna um sistema aberto, e não fechado em si mesmo, sabe-se que a escola tem uma função de promover a melhoria da sua comunidade, pela educação de seus filhos, e que, ao fazê-lo, recebe influência dessa comunidade, adaptando seus objetos, programas, métodos e técnicas às suas necessidades. Também aí as mudanças são recíprocas.

Portanto, quando se pensar em algum setor da escola, deve-se pensar em suas relações com os demais setores, bem como com a comunidade.

Como a escola, por sua vez, é uma unidade de um sistema educacional maior, formado por um conjunto de escolas que se interinfluenciam direta ou indiretamente, a idéia desse conjunto maior deve-se ter em mente ao se enfocar o funcionamento de qualquer área do sistema.

Posições e medidas tomadas após esse exame terão melhores condições de ação coordenada e eficaz. Quanto maior e melhor for o entendimento das funções e condições de funcionamento das partes do sistema e de como interagem, maiores serão as probabilidades de se tirar vantagens de seus esforços e resultados.

A Divisão de Trabalho e Distribuição de Papéis

As unidades de estrutura social de uma instituição se constituem em papéis sociais. Um papel social corresponde a um padrão esperado de determinada posição em um contexto social. O papel é a expressão da posição que corresponde à localização da pessoa no sistema.

A divisão do trabalho corresponde ao agrupamento de funções, seguindo determinados critérios, de forma a permitir que a carga total de trabalho seja desempenhada satisfatoriamente pelas pessoas disponíveis para o seu desempenho.

Por uma influência da tecnologia industrial, também em educação, foi adotado o critério de divisão do trabalho por especialização de funções. Assim é que determinada pessoa ou conjunto de pessoas recebe a incumbência de uma parte do processo de ensino-aprendizagem, outra de outra parte, e assim sucessivamente.

Em escolas pequenas, cujo volume de trabalho é relativamente pequeno, vários agrupamentos de funções, que poderiam corresponder a papéis diferentes, são naturalmente assumidos por uma ou umas poucas pessoas. É na medida em que as escolas crescem e, na proporção da afluência econômica, que vai ocorrendo a divisão de tarefas entre diferentes pessoas de diferente formação ou treinamento profissional.

Observa-se, no entanto, que esse agrupamento especializado de funções e sua atribuição a pessoas diferentes produz situações de conflito no sistema. Ele tende a promover disparidade de interesses e a dificultar a comunicação.

Considerações aos princípios de funcionamento do sistema e aplicação de medidas integradoras devem ser preocupação de todos os participantes do sistema, a fim de que o paralelismo e os conflitos gerados pela divisão de trabalho ocorram ao nível mínimo possível.

Considerações a Respeito do Professor e da Equipe Técnico-Administrativa no Processo Educativo

Qualquer papel social é determinado por uma série de fatores interferentes, uns de maior impacto que outros, dependendo das circunstâncias. Esses fatores interferentes são, por exemplo, a avaliação das necessidades e características da escola, a quantidade e formação dos seus recursos humanos, a expectativa mantida por pessoas que participam do mesmo sistema social, a própria concepção do papel, pelo seu ocupante. Sabe-se que, tendo em vista que todos os demais fatores interferentes são filtrados pela percepção do ocupante da posição à sua importância, esta tem um papel significativo na determinação de papéis (Sargent, 1951); esse é um fator significativo na determinação de papéis enquanto desempenho, paralelamente às expectativas dos coparticipantes, que é carreada dia a dia no relacionamento interpessoal mantido.

Os papéis são analisados ao nível de generalização. Sua tradução em desempenho ocorre na medida em que os ocupantes das posições percebem o seu papel da mesma forma, e as pessoas ocupando papéis circunstantes mantêm expectativas correspondentes.

O Professor

O papel do professor constitui-se, basicamente, em ajudar o educando a aprender em todos os aspectos, isto é, na aquisição e desenvolvimento de conhecimentos, habilidades, hábitos, atitudes, valores, ideais ou qualquer tipo de aprendizagem ainda não desenvolvida e julgada importante e necessária para o educando tanto pessoal como socialmente (Reeder, 1943). Observa-se que a concepção do papel do professor como agente de educação integral e não apenas como transmissor de conhecimentos ou agente do desenvolvimento de aptidões cognitivas não é recente.

Os cursos de formação dos professores vêm enfatizando, no entanto, mais os aspectos de conhecimento de áreas ou conteúdos específicos e conhecimentos de prática e procedimentos básicos (métodos e técnicas) em seu currículo. Observa-se que outros aspectos vitais para a promoção de uma educação integral e humanizada são colocados, via de regra, em segundo plano, como por exemplo:

- conhecimento dos processos de desenvolvimento humano (em termos de exemplificação e aplicabilidade);
- conhecimento dos processos de aprendizagem (em termos de exemplificação e aplicabilidade);
- compreensão das influências do ambiente sócio-econômico-cultural sobre o educando;
- compreensão de e sensibilidade para as diferenças individuais dos educandos;
- habilidade em manter um relacionamento humano eficaz;
- habilidade em comunicar-se clara e eficazmente;
- habilidade em resolver problemas de sala de aula;
- habilidade em motivar seus alunos;
- habilidade em selecionar e desenvolver formas de desempenho adequados ao processo de ensino;
- habilidade em trabalhar cooperativamente;
- interesse em trabalhar com crianças e em função de suas necessidades.

Esses aspectos seriam, em nosso entender, mais importantes que os reforçados nos cursos de treinamentos, pois, conforme já afirmava em 1958 o relatório Rockefeller (Rockefeller Brothers Foundation, 1958) sobre a melhoria da escola, "nenhum sistema educacional será melhor que a *qualidade* e *habilidade* de seus professores" (p. 49, grifo acrescentado).

A concepção de que o professor é a figura-chave na escola e de que na sua pessoa está centrada a possibilidade de eficácia do processo educativo é veiculada por vários dos seus analistas e teorizadores, como por exemplo Dewey e Bruner. Análises feitas reforçam a idéia de que é a qualidade do relacionamento professor-aluno que tornam o processo educativo e a escola significativos para o educando, e não outros aspectos, como por exemplo métodos e técnicas interessantes, atividades extraclasse variadas, etc. (Foster, 1969).

Em síntese, a eficácia do processo educativo centra-se no professor: seus conhecimentos, suas habilidades e suas atitudes em relação ao aluno a quem deve motivar. Torna-se, pois, de vital importância promover, antes de mais nada, o desenvolvimento desse professor, orientá-lo e assisti-lo na promoção de um ambiente escolar e processo educativo significativos para o educando. Como "a chave do êxito na educação reside nas pessoas" (Kaufman, 1978, p. 11), mudanças curriculares, inovação de métodos e técnicas de ensino ou do próprio currículo não tornarão por si só o processo ensino-aprendizagem repentinamente eficazes. Se este tiver que ser melhorado, terá que ser a partir dos professores, do desenvolvimento de *suas* atitudes, habilidades e conhecimentos a respeito das mudanças e inovações necessárias.

A Equipe Técnico-Administrativa

A equipe técnico-administrativa tem como função precípua coordenar e orientar todos os esforços no sentido de que a escola, como um todo, produza os melhores resultados possíveis no sentido de atendimento às necessidades dos educandos e promoção do seu desenvolvimento.

Dentro de uma concepção de educação integral, e tendo em vista a relevância e a problemática do papel do professor no processo educativo, conforme analisado anteriormente, devem revestir-se de sentido e natureza especiais os esforços de coordenação e assistência aos professores. Esse sentido e natureza devem estar voltados para o desenvolvimento de conhecimentos, habilidades e atitudes no professor, a fim de que a sua atuação junto ao aluno torne-se gradativamente mais eficaz.

1. *O Papel do Diretor*

É do diretor da escola a responsabilidade máxima quanto à consecução eficaz da política educacional do sistema e desenvolvimento pleno dos objetivos educacionais, organizando, dinamizando e coordenando todos os esforços nesse sentido, e controlando todos os recursos para tal.

Devido à sua posição central na escola, o desempenho de seu papel exerce forte influência (tanto positiva, como negativa) sobre todos os setores e pessoas da escola. É do seu desempenho e de sua habilidade em influenciar o ambiente que depende, em grande parte, a qualidade do ambiente e clima escolar, o desempenho do seu pessoal e a qualidade do processo ensino-aprendizagem.

A fim de desincumbir-se do seu papel, o diretor assume uma série de funções, tanto de natureza administrativa, quanto pedagógica. Do ponto de vista administrativo, compete-lhe, por exemplo, a:

- organização e articulação de todas as unidades componentes da escola;
- controle dos aspectos materiais e financeiros da escola;
- articulação e controle dos recursos humanos;
- articulação escola-comunidade;
- articulação da escola com o nível superior de administração do sistema educacional;
- formulação de normas, regulamentos e adoção de medidas condizentes com os objetivos e princípios propostos;
- supervisão e orientação a todos aqueles a quem são delegadas responsabilidades.

Do ponto de vista pedagógico, é de sua alçada, por exemplo, a:

- dinamização e assistência aos membros da escola para que promovam ações condizentes com os objetivos e princípios educacionais propostos;
- liderança e inspiração no sentido de enriquecimento desses objetivos e princípios;
- promoção de um sistema de ação integrada e cooperativa;

• manutenção de um processo de comunicação claro e aberto entre os membros da escola e entre a escola e a comunidade;

• estimulação à inovação e melhoria do processo educacional.

Quanto maior for a escola e mais complexo for o seu ambiente, mais árdua se torna a tarefa do diretor para desincumbir-se do seu papel. Assim é que se promove em escolas de tamanho médio e grandes a subdivisão das funções inerentes à posição do diretor e a possibilidade de o mesmo delegar a execução de várias delas a outras pessoas, notadamente ao supervisor escolar.

1.1. *Em Relação à Supervisão Escolar*

Face à divisão de trabalho que ocorre nas escolas, e principalmente em função da introdução da supervisão escolar, observa-se que na prática o papel do diretor vem se restringindo ao de administrador dos recursos materiais da escola e o de administrador de pessoal, considerado em seu sentido burocrático. A liderança e inspiração pedagógica, inerentes, em quaisquer circunstâncias, à sua posição, tornaram-se obscurecidas em seu papel, uma vez entendidas como próprias do supervisor escolar. No entanto, observa-se, muito comumente, na liderança oferecida pelo supervisor escolar, uma preocupação mais relativa a métodos, técnicas, conteúdos, que ao sentido do processo educativo.

Enquanto que à supervisão escolar compete dinamizar e assistir na operacionalização do sentido do processo educativo na escola, e, portanto, atuar no sentido pedagógico, cabe à sua direção oferecer contínua inspiração e liderança nesse sentido. Essa responsabilidade não é delegável.

1.2. *Em Relação à Orientação Educacional*

A educação para o desenvolvimento integral, preconizada pela Lei 5692/71, só é possível vendo-se o educando como um ser integral, cujos componentes cognitivos, psicomotores e afetivos devem ser desenvolvidos equilibrada e harmoniosamente; só é possível uma vez que se parta das peculiaridades e necessidades de desenvolvimento dos educandos.

Uma ação educativa relevante e um currículo positivo unem em uma associação harmoniosa os conhecimentos, habilidades e sentimentos. Consideram equilibradamente tanto as necessidades individuais como as de grupo, as pessoais e as institucionais. A educação sob esse ângulo traduz o ponto de vista da orientação educacional.

Dada a sua posição única na escola, as perspectivas do diretor quanto a esse ponto de vista são importantíssimas para que o mesmo seja implementado, haja ou não orientador educacional na escola. E cabe ao diretor criar condições para que essa implementação ocorra, tanto quanto possível, não só tomando decisões e assumindo medidas coerentes àquele ponto de vista, mas também, por um lado, assegurando que os demais participantes do processo educativo apóiem e incentivem ações nesse sentido.

2. *O Papel do Supervisor Escolar*

O papel do supervisor escolar se constitui, em última análise, na somatória de esforços e ações desencadeados com o sentido de promover a melhoria do processo ensino-aprendizagem. Esse esforço voltou-se constantemente ao professor, num processo de assistência aos mesmos e coordenação de sua ação.

O processo de assistência e coordenação recebeu enfoques variados durante a história da supervisão escolar, como por exemplo a melhoria:

- dos materiais de instrução;
- dos métodos, técnicas e procedimentos do ensino;
- dos programas curriculares;
- do processo de avaliação dos alunos;
- da descrição de objetivos educacionais;
- do processo de recuperação dos alunos;
- do desempenho do professor;
- outros.

Embora assumindo uma ação voltada ao professor, nem sempre a ação do supervisor escolar preocupou-se com a melhoria do seu desempenho. A preocupação pela melhoria do processo ensino-aprendizagem traduziu-se, via de regra, no esforço de analisar algum aspecto desse processo (qualquer um dos anteriormente apontados, com exceção do desempenho do professor), organizá-lo, inová-lo, realimentá-lo e entregá-lo ao professor para que o mesmo o aplicasse. E nisso se constituía a assistência ao professor.

Mais recentemente, a supervisão escolar ganhou uma nova dimensão, mais dinâmica e com maior potencial de eficácia a longo prazo: a melhoria do desempenho do professor, isto é, o desenvolvimento de conhecimentos, habilidades e atitudes dos mesmos em relação ao processo ensino-aprendizagem. Os aspectos de materiais de instrução, métodos, técnicas, etc., passam a ser meios ou aspectos desse desenvolvimento.

Essa linha de ação condiz com as colocações feitas com relação ao papel do professor na escola e a necessidade de assisti-lo para que melhor desempenhe esse papel. Ela direciona a supervisão escolar para assumir funções relativas ao treinamento de professores, nas mais variadas formas; à observação e *feedback* ao seu desempenho; à realização de entrevistas de ajuda, tanto individualmente como em grupos; à realização de reuniões, etc.

A eficácia da ação do supervisor escolar torna-se pois diretamente ligada à sua habilidade em promover mudanças de comportamento no professor (Koran, 1969), isto é, a aquisição de novas habilidades ou reforço a outras já existentes; o desenvolvimento de novas perspectivas, idéias, opiniões, atitudes, etc. Isto porque, em última análise, o aprimoramento do processo ensino-aprendizagem, preconizado pela supervisão escolar, não depende tanto de diretrizes preestabelecidas e de planos prontos, muitas vezes pouco aceitos, ou aceitos passivamente pelo professor, mas das condições apresentadas por este profissional para implementá-los. É o potencial do professor canalizado para o processo ensino-aprendizagem que "faz diferença" nesse processo (Foster, 1969), conforme já foi analisado.

Uma das grandes dificuldades da educação reside no fato de que idéias de inovação propostas não se traduzem em ação onde de fato ocorre a educação: na sala de aula. Às vezes, observa-se, a nível de proposições, até uma certa sofisticação de idéias e métodos. Porém, a nível de sala de aula, encontra-se, muito comumente, o professor atuando orientado por sua intuição ou, quem sabe, até por sua exasperação face a sua perspectiva de desesperança diante das dificuldades que enfrenta.

Somente se poderá afirmar que a educação melhorou a partir do momento em que houve melhora na sala de aula, isto é, na maneira como se desenvolve o processo ensino-aprendizagem. O desempenho do professor em termos de seus conhecimentos, atitudes e habilidades com relação ao processo ensino-aprendizagem são o cerne da melhoria da qualidade da educação e, conforme afirma Cogan (1973), muito mais do que a melhoria de prédios, de materiais de ensino, de métodos e de programas.

A falta de uma assistência ao professor quanto a seu desempenho em *sala de aula* é considerado por Cogan (1973) como uma das importantes causas de embaraço do processo educativo. Portanto, parece crucial que o supervisor escolar preste ao professor uma assistência sistemática, no sentido de melhoria contínua do seu desempenho.

3. *O Papel do Orientador Educacional*

A orientação educacional, assim como a supervisão escolar, tem recebido enfoques variados.

3.1. *Orientação Direta ao Aluno*

Tradicionalmente, o orientador educacional tem sido visto e tem-se visto como um profissional, cujo papel principal é atuar com os educandos. Assim é que a orientação educacional é definida como "um método pelo qual o orientador educacional ajuda o aluno, na escola, a tomar consciência de seus valores e dificuldades, concretizando, principalmente através do estudo, sua realização em todas as suas estruturas e em todos os planos de vida" (Schmidt e Pereira, 1969, p. 71). Em vista disso, o mesmo faz levantamento de dados (sondagem de aptidões), realiza sessões de orientação e de aconselhamento e desempenha uma série de funções de maior ou menor importância, relacionadas com a concepção do atendimento ao educando.

Dentre todas essas atuações o aconselhamento tem sido considerado como a principal e mais importante (Smith, 1955; Arbuckle, 1972). No entanto, a fundamentação, habilidade e eficácia de tal papel na escola têm sido largamente questionadas recentemente, face à dificuldade de o orientador educacional demonstrar, objetivamente, que, dedicando grande parte do seu tempo ao aconselhamento do educando, faz melhor uso do seu tempo e contribui da melhor maneira possível para o atendimento da problemática do educando (Koch, 1972). Senão, vejamos:

3.1.1. Os modelos e técnicas de aconselhamento utilizadas em orientação educacional desenvolveram-se originariamente no âmbito da psicoterapia, e implicitamente assumem a noção de que o indivíduo e não o ambiente do qual faz parte é que deve modificar-se, pois é ele, indivíduo, e não o ambiente que está perturbado, doente ou com problemas (Kuriloff, 1973). De fato, observa-se facilmente a transposição de tal concepção em posições assumidas pelo orientador educacional na escola, posições essas que correspondem a expectativas de pessoas que participam do processo educativo. Por exemplo, o aconselhamento é mais comumente utilizado em casos relacionados com indisciplina (Lück, 1979) e a prática freqüente é do aluno ser encaminhado à orientação educacional com a expectativa implícita de que o mesmo seja modificado, corrigido. A suposição implícita é de que no aluno está a causa do problema. Tal procedimento não reconhece que, muitas vezes, comportamentos inadequados do educando são causados, dentre outros, por disfunções ambientais como, por exemplo, currículo e programas inadequados às suas necessidades e condições individuais, regulamentos inflexíveis, ou insensibilidade de professores e adultos em geral à individualidade do educando.

Além da parcialidade com que vê a situação do aluno, tal posição assumida incorre em erro por chocar-se com os princípios do próprio aconselhamento quanto à aceitação e compreensão do educando.

3.1.2. Os modelos e técnicas de aconselhamento desenvolveram-se principalmente mediante sua aplicação com clientes adultos e voluntários. A viabilidade de sua aplicação com outro tipo de população — na escola, a criança e o adolescente — geralmente não voluntários, necessita ser evidenciada empiricamente.

No plano da argumentação lógica, questionam-se:

a) que o relacionamento naturalmente desigual entre orientador educacional e aluno (adulto-criança, adolescente) deixe de influir no educando como tal, mormente em nossa cultura em que o adulto é naturalmente visto como autoridade pela criança, independentemente da posição que ocupe em relação a ela (Sheibe e Spaccaquerque, 1976);

b) que o educando, na maioria das vezes um cliente involuntário do aconselhamento, possa sentir liberdade de discutir qualquer assunto. Essa desigualdade e a participação involuntária são alguns dos aspectos que põem em dúvida a possibilidade de se desenvolver na escola um ambiente condizente e necessário ao aconselhamento.

3.1.3. Os modelos e técnicas de aconselhamento desenvolveram-se principalmente em clínicas, independentes de pressões organizacionais como as que ocorrem na escola, com relação a expectativas e quanto ao tempo gasto no trabalho com o educando e o resultado desse trabalho. Problemas podem ser esperados em função de sua transposição para a escola, tendo em vista que, inserido no contexto escolar, o orientador educacional se acha naturalmente associado às suas normas, regras e aos regulamentos, os quais nem sempre funcionam no sentido da promoção do desenvolvimento do educando; mais ainda, por sua posição junto ao corpo técnico docente-administrativo da escola, é limitado e pressionado em certo grau por expectativas, exigências (explícitas ou implícitas) que ocorrem. Questiona-se, pois, que o orientador educacional, dentro da escola, possa criar o preconizado clima propício ao aconselhamento, livre de disposições para moldar o aluno no sentido de conformar-se a determinados padrões de comportamentos.

3.1.4. O aconselhamento individual e mesmo em grupo, como forma principal de atuação em orientação educacional, obriga a uma proporção relativamente pequena de alunos por orientador educacional. Idealmente esta proporção é de 450 alunos por orientador educacional nas escolas de ensino de 1º grau. Tal proporção, já considerada impraticável em países desenvolvidos como norma sistêmica, mais ainda o é entre nós, ainda mais considerando-se a crescente necessidade de expansão das redes públicas do ensino.

Numa escola com número elevado de alunos em proporção a orientadores educacionais, em que se adotem as funções de aconselhamento como forma principal de atuação, ocorre certamente o atendimento de uns poucos alunos, ficando a maioria deles sem receber os benefícios da orientação educacional. Mais ainda, pressionados pelo tempo limitado, dada a sobrecarga de alunos, tenderá o orientador educacional a abreviar a duração e o número das sessões de aconselhamento com cada aluno e, inadvertidamente, o orientador poderá forçar um ajustamento prematuro e artificial.

3.2. *Orientação como Prestação de Serviços*

O atendimento individual ao educando, que vem caracterizando a orientação educacional, fundamenta-se no pressuposto de que os educandos têm necessidades especiais e que os professores não estão preparados ou não têm condições para atendê-las. Segundo esse enfoque o orientador educacional "presta serviços" na medida em que emergem as necessidades (Lück, 1978).

Tal concepção de prestação de serviços e atendimento direto ao educando, de acordo com a emergência de necessidades psicoemocionais, parece ter gerado uma mudança na abrangência e sentido do papel do professor em relação ao aluno. Observa-se, por exemplo, que, quando o professor percebe que algum aluno seu tem dificuldades especiais, encaminha-o para o orientador educacional a quem transfere a responsabilidade de resolvê-las. Ora, o professor é figura central na formação dos educandos. É ele quem forma no aluno o gosto ou desgosto pela escola; a motivação ou não pelos estudos; o entendimento da significância ou insignificância das áreas e objetos de estudo; a percepção de sua capacidade de aprender, de seu valor como pessoa, etc. Da qualidade do relacionamento interpessoal professor-aluno, de responsabilidade do primeiro, depende, entre outras coisas, o ajustamento emocional do aluno na sala de aula e na escola. Portanto, não se concebe a eficiência de uma ação para sanar dificuldades dos alunos em sala de aula sem a participação do professor.

Em vista dos problemas expostos, preconiza-se que o orientador educacional assuma funções de assistência ao professor, aos pais, às pessoas da escola com as quais os educandos mantêm contactos significativos, no sentido de que estes se tornem mais preparados para entender e atender às necessidades dos educandos, tanto com relação aos aspectos cognitivos e psicomotores, como aos afetivos.

A QUESTÃO DA INTEGRAÇÃO

À simples observação do processo educativo, tal como se verifica atualmente entre nós, nota-se o seu fracionamento. O mesmo parece constituir-se de uma justaposição de atividades, experiências, unidades, conteúdos, disciplinas, matérias, áreas de estudo que se unem, mas não se somam e não se integram (Lück, 1979). Nele, cada área, cada disciplina, cada professor, cada especialista em educação assume uma parte do todo (a que considera tipicamente sua) e passa a atuar preocupando-se essencialmente com a mesma, despreocupando-se das demais.

A falta de integração do processo educativo tem uma multiplicidade de aspectos e ângulos. Ela é tanto interna quanto externa, tanto de concepção quanto de ação. Todos os aspectos relacionados à integração ou falta dela atuam em cadeia de maneira que, havendo dificuldades em um determinado ângulo do processo educativo, naturalmente a mesma promoverá repercussões em outros. Serão considerados, a seguir, alguns aspectos importantes com relação à integração do processo educativo. A sua integração ocorre na medida em que:

1. *A organização curricular corresponda às necessidades dos educandos* face ao contexto ecológico, econômico, demográfico, social e cultural em que vivem e às suas condições e perspectivas psicoemocionais.

O processo educativo estará articulado à realidade, na medida em que as proposições curriculares forem feitas de acordo com a realidade da comunidade em que se insere e à qual servem. Na medida em que as prioridades e os objetivos forem instituídos com base em modelos preestabelecidos, ou suposições, registrar-se-á o seu índice de desarticulação.

A Lei 5692/71 propugna pelo atendimento às necessidades regionais e locais e com base em dados coletados objetivamente na comunidade.

2. *Cada um e todos os setores ou funções da escola tenham a perspectiva global do processo educativo* a ser desenvolvido, conheçam e propugnem por ideais e princípios comuns, uma vez que a unidade de ação do sistema é estabelecida e garantida por fundamentos e princípios comuns que norteiam a atuação específica de cada setor (MEC, 1979).

Os fundamentos, ideais e princípios comuns, claramente entendidos e aceitos por todos, estabelecem o fio integrador de ações específicas e garantem a sua articulação e interligação.

Sugerem-se, a seguir, algumas concepções básicas que devem fundamentar o processo educativo. As mesmas não só possibilitam a integração entre setores e funções como também garantem a própria integração interna de cada atividade. Senão vejamos:

2.1. O aluno deve ser visto como o fim precípuo da educação; para ele existe a escola e, portanto, para a promoção do seu desenvolvimento devem convergir, direta ou indiretamente, todas as ações.

2.2. O aluno é um ser em desenvolvimento, desenvolvimento esse que se processa e é facilitado em etapas. Essas etapas são integradas intimamente, de tal forma que um determinado nível de desenvolvimento pretendido depende de níveis anteriores e, por sua vez, facilitarão desenvolvimentos posteriores. Portanto, qualquer ação educativa que pretenda ser mais que um esforço isolado necessita ter uma visão global do desenvolvimento pretendido com relação ao educando.

2.3. O desempenho e o desenvolvimento dependem e estão relacionados aos aspectos cognitivo, afetivo e psicomotor, interdependentes e interinfluentes em todas e quaisquer circunstâncias. Cognição, afetividade e psicomotricidade estão presentes em toda situação de desempenho e desenvolvimento. Portanto, a promoção de desenvolvimento não será integral, será desarticulada, na medida em que deixar de considerar qualquer um desses aspectos.

Cada atividade, experiência ou programação curricular deverá considerar cada um, e todos os três aspectos, a fim de promover uma educação integrada (Lück, 1979).

3. *Todos os setores ou funções da escola tenham a perspectiva da posição de cada um no processo educativo, compreendam os seus papéis e suas inter-relações.* A compreensão de como cada um pode servir para a realização de propósitos comuns, de suas inter-relações, é imprescindível a fim de se evitar conflitos, paralelismos e duplicações.

A criação dessa perspectiva pode ser feita mediante a comunicação formal de papéis pela qual os vários setores ou pessoas comunicam suas funções. Este é um esquema convencional e pouco eficiente, dada a sua característica de monólogo e de tendência a reforçar o ponto de vista próprio e não o comum. A realização de reuniões de trabalho, em que são trocadas idéias, analisadas expectativas e depois definidos os papéis e funções são mais eficientes.

A Integração do Corpo Técnico-Administrativo

É o corpo técnico-administrativo que estabelece o *tonus* de integração na escola e promove o estabelecimento da unidade da ação educativa, em torno de objetivos comuns, embora o faça através de meios específicos diferentes (MEC, 1979).

A ação do corpo técnico-administrativo deve ser não só integrada, mas também integradora. Para tanto, deve pautar-se por atitudes, direções e objetivos comuns, o que estabelecerá a coerência interna necessária para se garantir a unidade preconizada.

Conforme sugerido pelo Ministério de Educação e Cultura (1979), um objetivo comum do corpo técnico-administrativo é "a criação de condições favoráveis ao máximo *desenvolvimento das potencialidades da comunidade escolar*" (p. 44, grifo acrescentado), promovida num ambiente de cooperação, reciprocidade, em que todos os participantes do processo educativo atuam com companheiros que têm muito a contribuir com suas percepções, experiências, conhecimentos e habilidades na análise e decisão sobre as problemáticas do dia-a-dia do processo educativo. Mediante a análise e decisão conjunta dessas problemáticas promover-se-ia o desenvolvimento de potencialidades desejado.

O processo de consultoria fundamenta-se em princípios que se coadunam plenamente com as necessidades de se promover o desenvolvimento de potencialidades com relação aos que participam do processo educativo, de se estabelecer linhas e objetivos comuns de ação, de se agir integradamente e de se promover a ação integradora.

O PROCESSO DE CONSULTORIA

Face ao contexto apresentado nas unidades anteriores, faz-se necessário examinar o potencial do processo de consultoria para ser utilizado na escola pelo diretor, pelo supervisor escolar e pelo orientador educacional.

A direção, a supervisão escolar e a orientação educacional são áreas de trabalho em educação cujas principais funções são relacionadas a uma forma de apoio ou assistência ao professor, ou a outro elemento significativo que participe do processo educativo promovido pela escola. Esse apoio ou assistência, prestado nas mais variadas circunstâncias, baseia-se fundamentalmente num processo de inter-relacionamento pessoal e de comunicação.

Os aspectos de assistência, inter-relacionamento pessoal e comunicação constituem-se em um processo de consultoria. Portanto, já que esses aspectos estiveram sempre presentes na atuação desses profissionais, principalmente do supervisor escolar, a consultoria não é exatamente uma nova forma de atuação. Também não se constitui em apenas uma palavra nova para denominar processos antigos. A consultoria envolve uma concepção sobre o processo de assistência, que o direciona, dá-lhe sentido, concede-lhe maior objetividade e estabelece sua sistematização, com vistas a resultados mais significativos. O que pode caracterizá-la como inovação vem a ser a sua particularidade de sistematização, objetividade, direcionamento e sentido do processo de assistência.

Os princípios por trás do processo de consultoria seguem os preceitos de Confúcio, segundo os quais deve-se antes ensinar a pescar, que dar um peixe a quem lhe pede alimento. E todo o seu processo é direcionado por essa linha de ação: envidar todos os esforços para assistir a escola, o professor, os pais, não a resolverem um problema imediato, mas sim a desenvolverem, por meio da resolução desse problema, novas habilidades, percepções, entendimentos.

Seu enfoque é o do desenvolvimento da escola como organização, pelo desenvolvimento dos seus recursos humanos, a fim de que, gradativamente, se torne mais eficiente na realização do processo educativo. A promoção de tal desenvolvimento toma por base e ponto de partida o potencial apresentado pelos participantes da ação educativa enfocados, não só porque a aquisição de novos conhecimentos, habilidades e atitudes depende dos conhecimentos, habilidades e atitudes já desenvolvidos, mas porque deve-se antes valorizar e explorar o potencial existente.

O sentido, portanto, do processo de consultoria não é exclusivamente o da resolução de problemas imediatos, mas sim o do desenvolvimento da capacidade de desempenho do pessoal envolvido na resolução desses problemas enquanto os mesmos são resolvidos, a fim de que ele se torne cada vez mais apto a dar atendimento a problemáticas subseqüentes.

Como atribuir caráter sistemático, direcional e objetivo à assistência prestada aos participantes do processo educativo, de maneira a promover o seu desenvolvimento? Esta é a questão que a consultoria procura resolver.

Conceito, Natureza e Características

Consultoria é o processo pelo qual se partilha com outra pessoa ou grupo de pessoas, em caráter de mutualidade, informações, idéias, opiniões sobre determinada problemática, promovendo seu entendimento e permitindo o envolvimento das pessoas a ela relacionadas, com o fim de gerar bases objetivas para a tomada de decisões e de medidas eficientes a respeito.

O processo, visto nessa perspectiva, envolve determinadas características que se tornam definidoras do mesmo. Bergan (1977) identifica as características mais evidentes, que são a seguir interpretadas, brevemente.

Consultoria como resolução de problemas — A consultoria refere-se tipicamente a um processo que envolve, em suas bases, a intenção de alterar determinada condição, circunstância, atitude, situação, etc., em uma direção mais positiva.

Muitas vezes não se tem uma idéia mais ou menos clara e precisa de qual seja a direção mais positiva, face ao pouco entendimento da problemática. Tem-se apenas o entendimento de que o estado presente é insatisfatório e inadequado. A resolução do problema envolve, a partir de sua análise, a clarificação de objetivos e a identificação de como as alterações poderão ser promovidas mais eficazmente.

Consultoria como serviço indireto — Como o objetivo de todo esforço educativo deve ser voltado para o aluno e a promoção do seu desenvolvimento, o processo de consultoria, voltado para professores, diretores, pais, é uma forma de melhor se atingir aquele objetivo. Os esforços e objetivos da consultoria, embora dirigidos para pessoas que compõem o sistema social educativo do aluno, tem como fim último o próprio aluno e o seu desenvolvimento.

Consultoria como relacionamento entre colegas — A consultoria em educação é um relacionamento entre colegas, o que vale dizer, um relacionamento em que uma pessoa não tem autoridade sobre a outra, isto é, uma não está em posição de exercer poder sobre ela.

A posição de um relacionamento baseado no igualitarismo é, aliás, uma das bases sobre a qual se assenta a possibilidade de sucesso do processo de consultoria. Consultor e consultante são duas pessoas que, em posição de igualdade, examinam uma dada problemática e possíveis ações sobre ela, cada um contribuindo com as informações, idéias e opiniões de que dispõem.

Consultoria como utilização de conhecimentos e habilidades — A grande maioria dos consultantes busca o consultor inicialmente motivada por sua crença de que este tenha conhecimento e habilidades especiais que sejam úteis e necessários à resolução de uma dada problemática.

A aplicação de conhecimentos e habilidades adequados a situações particulares constitui-se em um objetivo da consultoria. No entanto, o processo diz respeito a muito mais que mera transmissão de conhecimentos do consultor ao consultante, ou à aplicação de habilidades por parte do consultor. Diz respeito, sobretudo, a um esforço conjunto em que ocorra a incorporação pelo consultante dos conhecimentos e habilidades considerados de tal forma que seja criada uma situação de relativa auto-suficiência.

O processo de consultoria se caracteriza por um:

a) relacionamento interpessoal em caráter profissional;

b) exame de alguma problemática ou necessidade educacional;

c) tomada de decisão e implementação de medidas necessárias à sua solução;

d) exame e utilização de percepções, conhecimentos e habilidades dos que implementarão as medidas.

Objetivos

O *objetivo geral* do processo de consultoria, alcançável a longo prazo, o qual toda a ação do processo deve enfocar, é o de:

Promover o desenvolvimento organizacional da escola, ou, em outras palavras, conforme proposto pelo Ministério de Educação e Cultura, anteriormente referido, "promover o desenvolvimento das potencialidades da comunidade escolar".

Os *objetivos específicos* são:

1. dinamizar o processo educativo, levando-o a uma constante renovação;
2. promover a abertura e clareza do processo de comunicação estabelecido na escola;
3. promover a melhoria do processo de relacionamento interpessoal, como função educativa e como meio para a resolução de problemas;
4. facilitar o desenvolvimento de conhecimentos, atitudes e habilidades necessários à resolução de problemas;
5. assistir no processo de decisão e resolução de problemas.

Pressupostos

Toda tomada de posição e ações correspondentes baseiam-se em hipóteses ou suposições lógicas que as justificam e norteiam. As pressuposições principais que norteiam o desenvolvimento do processo de consultoria na escola são as que:

1. a mudança no comportamento do educando e o seu desenvolvimento ocorrem mais fácil e rapidamente quando acompanhado ou precedido de mudança no comportamento do adulto com quem tem relacionamento significativo;

2. o professor é um elemento central na promoção do desenvolvimento do educando, e não um instrutor, isto é, um transmissor e cobrador de informações e conhecimentos;

3. a assistência prestada ao adulto (professores, pais), segundo os objetivos do processo de consultoria, tem efeito extensivo a muitas outras situações, além da que suscitou a consultoria;

4. o desenvolvimento de habilidades de relacionamento interpessoal e comunicação são fundamentais à melhoria do processo educativo e sua integração.

A Necessidade do Processo de Consultoria na Escola

Com a expansão da finalidade da educação, de mera transmissão de conhecimentos para o de promoção do desenvolvimento integral do educando, em acordo com novos ideais e exigências sociais, a tarefa educativa tornou-se mais complexa. O caráter dinâmico e multidimensional que toda ela deve ter impõe aos educadores novas atitudes, habilidades e conhecimentos.

Os professores vêem-se às voltas com a necessidade de manter sua capacidade perceptiva mais aberta possível (capacidade essa que sabemos limitada em cada um, segundo sua vivência, valores, formação profissional, etc.); de alargar seu âmbito de conhecimentos; de desenvolver habilidades variadas; de manter atitudes positivas e favoráveis à promoção do desenvolvimento do educando.

A assistência e o apoio de pessoas preparadas em aspectos diversos em relação ao processo educativo constituem-se, pois, em uma necessidade evidente em nossa escola, a fim de se proporcionar aos professores condições para que aprimorem cada vez mais seu desempenho e de tornar todo o currículo escolar mais significativo.

Uma vez concebidas como áreas de apoio e assistência, com objetivos específicos distintos, a super visão escolar e a orientação educacional pelo processo atenderiam melhor às necessidades da escola, no desempenho de seu papel.

Conforme foi mencionado anteriormente, as funções de apoio e assistência não são novidades na escola; o supervisor escolar e o orientador educacional já as vêm exercendo de uma ou de outra forma. Porém não exatamente dentro de uma linha de consultoria como veremos a seguir.

1. *Em Relação à Direção*

O diretor assume na escola uma posição de influência máxima. Portanto, a maximização do potencial de cada elemento deve ser sua preocupação constante, a fim de que a escola promova os maiores benefícios possíveis aos educandos, com maior satisfação para os envolvidos no processo.

Essa preocupação não se transforma em operacionalização por meio da análise e despacho de papéis, ou por meio da alocação de recursos materiais adequados, ou mesmo ainda pela distribuição de tarefas aos recursos humanos. Isso se faz, principalmente, por meio do *envolvimento* do diretor com o trabalho desses recursos humanos e por meio da sua participação inspiradora. Da capacidade de liderança do diretor em relação ao sentido da ação educativa depende a qualidade deste.

Tal participação, envolvimento e liderança, necessariamente devem ser oferecidos dentro de uma linha de ação segundo a qual o diretor é antes um coordenador, um facilitador do que um planejador, ou alguém que pensa, assume responsabilidade por outros e os dirige.

O papel de coordenador e facilitador de ações, isto é, de assistir os atuantes no processo educativo na organização e análise de sua tarefa; na determinação de procedimentos; na divisão e tomada de responsabilidades; no envolvimento e na aquisição da própria experiência é, em suma, um papel que coincide, em sua base, com as bases do processo de consultoria.

2. *Em Relação à Supervisão Escolar*

A supervisão escolar manteve, constantemente, ao longo de sua evolução, o propósito fundamental de aprimorar o processo ensino-aprendizagem, visando ao melhor desenvolvimento do educando (Feyereisen, Fiorino e Nowak, 1970; Wiles, 1967), embora adotasse diferentes pontos de vista e assumisse diferentes caminhos para a realização desse propósito (Zahorik, 1978), conforme já foi analisado anteriormente.

Ainda, embora sua ênfase variasse em fases diferentes diante das problemáticas de métodos e técnicas do ensino, avaliação, conteúdos programáticos, currículos, desempenho do professor, a sua atuação voltou-se constantemente ao professor, num processo de assistência. E é em relação a essa direção que Wiles (1967) afirma ter a supervisão escolar a função precípua de auxiliar os professores a se desenvolverem como profissionais e melhor desempenharem seu papel.

A linha de atuação do supervisor escolar, já em suas bases, foi estabelecida como de assistência ao professor. Não se faz necessário, portanto, ao se apresentar uma linha de consultoria para a área da supervisão escolar, fazê-lo como se fosse novidade completa e como se os seus profissionais não tivessem a mínima noção de seu sentido.

No entanto, há aspectos em relação à prática de assistência aos professores mantida pelo supervisor escolar que não segue, de todo, a linha do processo de consultoria. E essa prática diz respeito a fornecer idéias e soluções, assumir tarefas de preparação de mecanismos de avaliação (muitas vezes utilizados como forma de controle ao professor para que cubra os programas e objetivos estabelecidos), a elaborar e fornecer planos curriculares, etc.

Tal prática tem por base uma atitude autocrática e pouco eficiente, a fim de levar um colega a mudar atitudes, procedimentos etc., a fim de se tornar mais eficiente, uma vez que assume uma posição de julgamento que provoca naturais resistências (Corey, 1969; MEC, 1979).

A eficiência da ação do supervisor escolar está diretamente ligada à sua habilidade em promover mudanças de comportamento no professor (Koran, 1969), isto é, a aquisição de novas habilidades, ou reforço de outras já existentes, o desenvolvimento de novas perspectivas, idéias, opiniões, etc. Isto porque, em última análise, o aprimoramento do processo ensino-aprendizagem não depende tanto de diretrizes preestabelecidas, de planos prontos (muitas vezes pouco aceitos pelos professores) ou de conselhos, mas sim relacionamento professor-aluno. É o potencial do professor canalizado para o processo ensino-aprendizagem que "faz diferença" nesse processo (Foster, 1969).

E esse é o enfoque do processo de consultoria.

3. *Em Relação à Orientação Educacional*

Já em relação à orientação educacional a consultoria não esteve presente em todos os momentos de sua evolução. Aliás, apenas recentemente vem sendo ensaiada. Dessa forma, ao se propor essa linha de ação, o panorama apresenta-se mais complexo.

A definição do papel do orientador educacional, traduzida em desempenho, depende diretamente da concepção mantida pelo orientador educacional a respeito de seu papel, das expectativas de pessoas significativas participantes do cenário de trabalho da escola, da descrição desse papel pelos setores de coordenação etc.

Conforme já foi analisado anteriormente, a posição que a orientação educacional tem assumido é a atuação direta ao aluno e a da prestação de serviços. No entanto, tal posição tem sido seriamente questionada, tanto por sua dificuldade em evidenciar objetivamente resultados, como por estar relacionada a dificuldades de natureza administrativa. Paralelamente aos questionamentos apresentados, novas funções têm sido apontadas para o orientador educacional, a fim de que o mesmo se ajuste a realidades diferentes e novas situações de trabalho (Cook, 1972; Dustin, 1974). Um alerta é apresentado ao orientador educacional no sentido de que mantenha a definição de seu papel suficientemente flexível, a fim de poder incorporar novas formas de atuação, ou modificar formas antigas (Stewart e Warnat, 1965), condições indispensáveis ao atendimento das mutáveis situações da sociedade, da escola e dos educandos.

Dentre os novos papéis propostos, o da consultoria tem sido o mais preconizado (Miles e Hummel, 1979) e já o foi pioneiramente, em 1957, por Patovillet, conforme Shertzer e Stone (1971) testemunham.

Segundo esse enfoque, o orientador educacional assume o papel de assistência ao professor no sentido de que o mesmo possa desenvolver uma ação educativa integrada, pela consideração aos aspectos afetivos do educando, juntamente com os cognitivos e psicomotores e pela promoção do desenvolvimento desses três aspectos. E ainda para que o professor possa entender e atender às necessidades dos educandos, mediante análise da dinâmica do relacionamento interpessoal de sua turma, observação objetiva de comportamentos e reações, etc.

Fases do Processo de Consultoria

Uma vez assumida uma linha de ação, segundo o processo de consultoria, assume-se um processo evolutivo cíclico marcado por fases que se sucedem em que, uma vez alcançada a última, encerra-se um ciclo e pode-se iniciar outro. Esse processo, em todas as fases, deve ser marcado por um relacionamento interpessoal criativo, baseado em respeito e confiança mútuos, comunicação aberta e uma perspectiva de resolução de problemas. Cada uma das fases é importante e seu sucesso é necessário a fim de que se alcance sucesso nas fases subseqüentes. Essas fases são as seguintes:

1. *Estabelecimento de uma Necessidade de Mudança*

A força motivadora que provoca o início do processo de consultoria é uma necessidade de mudança. Uma necessidade de mudança deve ser sentida por aqueles que deverão ser envolvidos no processo. Na primeira fase essas pessoas devem adquirir uma concepção clara a respeito do que precisa ser mudado; do porquê da mudança; da perspectiva de como será a mudança e quais suas conseqüências; do seu papel na promoção dessa mudança e, ainda, assumir diante dela uma atitude positiva.

Quando uma pessoa percebe uma carência, uma necessidade em relação a algum problema, inicia-se o processo de consultoria. Essa carência ou necessidade é analisada e clarificada. Na medida em que a(s) pessoa(s) envolvida(s) com o problema assume(m) responsabilidade pelo mesmo, tem-se início a segunda fase do processo.

2. *Estabelecimento de um Relacionamento Positivo entre Consultor e Consultante*

Os efeitos desse relacionamento já devem se fazer sentir na primeira fase e devem emanar em todas as fases subseqüentes. Porém, caso não seja sedimentada neste momento, as fases subseqüentes não ocorrerão. O relacionamento consultor-consultante deve caracterizar-se por vários atributos lembrados por Walz e Benjamin (1977).

2.1. *Abertura:* a abertura a novas idéias permite examinar, com franqueza, percepções, pensamentos, impressões, opiniões próprias e dos outros, diferentes pontos de vista e abster-se de agir orientado por motivos ocultos.

2.2. *Confiança:* crédito nos sentimentos do outro, na capacidade e senso de responsabilidade, conhecimento da confidencialidade do processo.

2.3. *Mutualidade:* comunicação e participação bilateral, evitando-se o domínio do processo por alguém.

2.4. *Expectativas realísticas:* estabelecimento de objetivos passíveis de serem realizados pelos envolvidos na solução do problema, tendo em vista as condições disponíveis.

2.5. *Recompensa:* conhecimento de que o relacionamento conduzirá a um resultado positivo que recompensará o esforço despendido.

2.6. *Estrutura:* definição de papéis, tarefas, responsabilidades do consultor e do consultante na resolução do problema.

2.7 *Envolvimento:* participação plena em todos os momentos do processo.

3. *Clarificação e Diagnóstico do Problema*

Esta fase diz respeito à análise conjunta, pelo consultor e consultante, do problema apresentado. Na clarificação do problema identifica-se, por exemplo, se o problema apresentado é o problema real ou apenas um correlato.

Mediante perguntas pertinentes (geralmente abertas), o consultor leva o consultante a juntar informações sobre o problema apresentado e a analisá-las. As relações do problema são estabelecidas à medida que os negativos da situação são levantados.

4. *Análise de Alternativas de Ação e Estabelecimento de Objetivos*

Com base no diagnóstico realizado, levantam-se alternativas de ação para solução do problema. O propósito inicial não é o de apresentar uma solução para o problema, mas o de gerar o maior número possível de alternativas por meio de um processo de tempestade cerebral. Nessa fase não deve ocorrer nenhuma crítica ou censura às idéias levantadas. Todas elas devem ser registradas conforme são sugeridas. Os comentários devem ser deixados para uma fase posterior.

A partir da lista com todas as idéias sugeridas, passa-se a analisá-las em todas as suas perspectivas, levando-se em conta os recursos e condições necessárias e disponíveis. Observa-se já nessa fase, caso o processo esteja sendo satisfatório para os participantes, que os mesmos começam a se envolver com as perspectivas de solução e a assumir uma atitude de comprometimento na solução do problema. A troca de idéias, dentro de um clima positivo, alarga a perspectiva de envolvimento das pessoas nos processos de mudança necessários.

Procede-se em seguida à seleção das alternativas possíveis e à proposição dos respectivos objetivos.

Novamente, aqui o consultor assume um papel de dinamizador, centralizador, facilitador da geração de alternativas, seleção das alternativas possíveis e proposição de objetivos, mantendo o envolvimento ativo do(s) consultante(s).

5. *Transformação das Idéias Geradoras em um Plano de Ação*

Um curso de ação deve ser adotado a fim de que se provoque uma mudança em uma direção desejada, com relação à situação-problema analisada. O consultor assiste o consultante no levantamento de estratégias de ação e atividades que possam ser utilizadas para realizar os objetivos propostos.

Faz-se necessário reforçar que as estratégias devem estar ao alcance do consultante. Todo plano que envolva estratégias fora do alcance tanto do consultor como consultante deve ser descartado, apesar de apresentarem maior potencial para a solução de problemas. Esta observação serve também para a seleção de alternativas da etapa anterior.

6. *Implantação de Novas Formas de Ação e Desempenho*

O processo de consultoria tem seguimento com o acompanhamento às ações e desempenhos desencadeados para a solução do problema em questão. Nesta fase o consultor atua como elemento de apoio e *feedback*, assitindo o consultante a analisar e interpretar suas ações, a fim de que delas retire conclusões a respeito daquelas que estão produzindo mais resultado, bem como das que não estão.

Essa análise é importantíssima para que a solução de problemas não tenha um fim em si mesmo, antes ofereça oportunidade de aprendizagem e desenvolvimento.

7. *Generalização e Estabilização de um novo Nível de Funcionamento*

A partir do *feedback* oferecido pelo consultor e da reflexão proveniente do mesmo, no consultante, bem como a partir do envolvimento do consultor em todo o processo, chega o consultante a demonstrar habilidades, conhecimentos e atitudes que podem ser empregados em outras situações futuras. Chega-se, pois, à culminância do processo de consultoria.

8. *Encerramento de um Ciclo do Processo de Consultoria*

Com a generalização e estabilização de um novo nível de funcionamento, resolve-se a problemática que gerou e alimentou todo o processo de consultoria. Os resultados positivos alcançados marcam o fim da necessidade que deu início ao processo. Porém esse processo é cíclico, porque, por um lado, a resolução de determinadas necessidades em relação à educação gera outras necessidades, uma vez que o desenvolvimento não tem um limite. Assim, o encerramento de um ciclo do processo de consultoria pode marcar o início de outro.

Processo e Conteúdo em Consultoria

A consultoria envolve dois aspectos presentes em todo momento, todas as situações e todas as atividades: processo e conteúdo.

1. *O Processo em Consultoria*

O processo diz respeito às operações com que é desenvolvida a consultoria, ao *como* se desenrola, ao fazer. O processo a que se refere a consultoria baseia-se no inter-relacionamento pessoal e na comunicação que são os elementos-chave da eficácia da consultoria e da própria educação.

Embora cada pessoa tenha um estilo próprio que orienta seu inter-relacionamento pessoal e processo de comunicação, existem estilos favoráveis e outros menos favoráveis à promoção do desenvolvimento. A aquisição de estilos favoráveis deve ser, portanto, a preocupação dos que se envolvem no processo de consultoria.

Abertura, confiança, mutualidade, anteriormente referidos, são componentes indispensáveis de um estilo de comunicação e inter-relacionamento positivo.

Alguns aspectos da comunicação e inter-relacionamento pessoal serão mais adiante analisados, dada a sua relevância no processo.

2. *O Conteúdo em Consultoria*

O conteúdo se refere a *o que* se discute e analisa, ao foco, à essência da discussão.

A consultoria não tem conteúdo próprio. O seu conteúdo varia segundo a problemática em questão, sua natureza e o ponto de vista com que ela é examinada, bem como a direção que se pretende dar a ela.

O seu conteúdo poderá ser o processo de ensino-aprendizagem, o processo de inter-relacionamento pessoal, o currículo, o processo de avaliação, problemas de comportamento do educando, vistos globalmente, ou em qualquer aspecto particular.

Comunicação e Inter-relacionamento Pessoal

A natureza, qualidade, nível de comunicação e do inter-relacionamento pessoal são tão intimamente interligados que um não existe sem o outro. Como as pessoas se relacionam entre si depende de como se comunicam e vice-versa. A aprendizagem de um aspecto ocorre em função do outro. Essa aprendizagem ocorre tão natural e espontaneamente que comumente não se lhe dá especial atenção. Em vista disso, embora nos comuniquemos, decodifiquemos comunicações e mantenhamos relações interpessoais, nem sempre o fazemos de maneira a produzir resultados satisfatórios. Identificamos muitas situações de tensão, conflito, animosidade ou simples indiferença entre pessoas, situações essas causadas ou agravadas em função dos efeitos da dinâmica da comunicação entre as mesmas. Como as pessoas se comunicam? O que pretendem comunicar quando falam ou deixam de falar? Como melhorar suas habilidades de comunicação? Quais os efeitos dos sinais de comunicação que emitimos sobre os outros? Eis algumas das questões a serem consideradas por toda e qualquer pessoa que atua em situações de inter-relacionamento pessoal, que é o caso de todo educador e do consultor especificamente.

Consideremos pois alguns aspectos importantes sobre o processo de comunicação.

Proposições Básicas

A análise sistemática e objetiva do processo de comunicação resultou na identificação de elementos constantes, cuja compreensão favorece não só a interpretação, qualquer situação de comunicação, como o treinamento para uma comunicação interpessoal mais eficaz. Huckins (1971) apontou os elementos mais significativos nas seguintes proposições:

1. *Quando Ocorre uma Situação de Inter-relacionamento Pessoal, Ocorre Sempre um Processo de Comunicação*

É impossível não haver comunicação. A pessoa comunica alguma coisa independentemente de sua expressão verbal e de sua intenção em comunicar-se ou não. Em uma situação de grupo, o silêncio poderá comunicar tensão, desprezo, por um lado, ou aquiescência e simpatia por outro. Geralmente o silêncio é utilizado e interpretado como uma indicação de indiferença, ressentimento, falta de confiança, alienação ao grupo, etc.

O silêncio não é pois uma falta de comunicação e o mesmo deve ser examinado, dados os efeitos negativos que pode ter. Esse exame deve, no entanto, ser feito em função do contexto em que ocorre, pois são as suas circunstâncias que produzem tal tipo de resposta de quem o utiliza.

2. *O Significado de uma Mensagem Depende Principalmente de quem a Decodifica ou Interpreta*

As mensagens não são recebidas exatamente como são emitidas. As mesmas são decodificadas e interpretadas pelo receptor que, nesse ato, as modifica segundo suas vivências anteriores, suas expectativas, seu relacionamento com o emissor.

A análise do processo de comunicação com o fim de compreendê-lo, para torná-lo mais eficiente, deve envolver tanto os esquemas e padrões de emissão como os de recepção.

3. *Grande parte do Conteúdo da Comunicação é Veiculado e Controlado por Símbolos não Verbais*

A maneira como as coisas são ditas, as expressões faciais e corporais que as acompanham carregam grande parte do conteúdo da comunicação e muitas vezes comunicam mais que as próprias expressões verbais que acompanham. Uma expressão como: "não, não se preocupe, você não está me incomodando", dita com os lábios apertados e secamente, comunica que de fato se está incomodando, mas a fachada não permite ao interlocutor pôr às claras tal fato.

Muitas vezes, para evitar desconforto maior, as pessoas expressam verbalmente mensagens que diferem do que realmente sentem ou pensam. Nesses casos, como a comunicação, é possível que a comunicação seja ambígua e inespecífica, causando ou agravando estados de tensão ou conflitos de relacionamento interpessoal.

A clarificação do processo de comunicação exige muita habilidade, pois não se pode abruptamente desvendar o que não se pretende seja desvendado.

4. *A Comunicação é um dos Principais Processos pelos quais as Pessoas Descobrem e Definem sua Identidade Pessoal.*

A identidade pessoal é considerada como dos elementos mais fundamentais no estabelecimento da ligação e intensidade de nossas ações. Quanto mais positiva e clara for a identidade pessoal de alguém, mais positivas e claras serão suas ações.

O processo de comunicação, tanto verbal como não verbal, indica às pessoas que elas são diferentes ou não de outras, que merecem atenção ou são ignoradas, que merecem atenção considerada ou não. Pela maneira como as pessoas se comunicam com as outras, expressam como as vêem e dessa forma contribuem para a formação de sua identidade pessoal.

5. *A Comunicação é o Processo pelo qual se Alcança a Manipulação do Comportamento dos Outros*

Quando nos comunicamos pretendemos obter determinados resultados e controlamos nossa comunicação com vistas a esse fim. Pela comunicação pretendemos alcançar o que queremos. Muitas vezes desenvolvemos estilos de comunicação ao longo de nossas vivências, a fim de manipularmos as respostas dos que participam do nosso ambiente.

Os que sempre concordam ou sempre discordam desenvolveram um padrão de comunicação que manifestam em qualquer situação, com os quais mantêm mais ou menos constante a forma de reação dos outros, não sendo necessários constantes ajustamentos.

6. *As Pessoas Tendem a não ter Consciência das Implicações do Conteúdo e Processo da Comunicação*

A comunicação será tanto mais eficaz quanto mais consciência tivermos a respeito de como nossa mensagem é recebida, que sinais de comunicação utilizamos, qual o seu efeito sobre os outros, etc. Essa consciência depende da nossa observação a nossos mecanismos de emissão de mensagens, bem como aos mecanismos de decodificação e interpretação daqueles com quem nos comunicamos; mais ainda, envolve a observação dos mecanismos de comunicação dos outros e de como reagimos à sua comunicação. Isso porque tanto o emissor como o receptor usam uma série de filtros na seleção do que comunicam e do que recebem.

Geralmente, no entanto, não temos a menor idéia de como esses aspectos funcionam.

Filtros do Processo de Comunicação

O que deixamos de dizer, o que dizemos, como o dizemos e quando o dizemos; o que ouvimos, como ouvimos, e quando ouvimos é selecionado, estejamos conscientes disso ou não, mediante a influência de uma série de fatores. Schein (1969) indica que os fatores básicos na influência desse processo de decisão tanto do emissor como do receptor são: a auto-imagem; a imagem que temos dos outros; a percepção da situação; motivos, sentimentos, intenções e atitudes pessoais e expectativas.

1. *Auto-imagem*

A natureza, qualidade e nível da comunicação dependem em grande parte da imagem que mantemos de nós mesmos. Se nos julgarmos especialistas em uma determinada área, tenderemos a falar mais do que a ouvir, quando qualquer aspecto dessa área for considerado. Tenderemos também a ser mais afirmativos e dogmáticos que abertos à indagação e questionamento. Tanto o emissor como o receptor são influenciados por sua auto-imagem quando participam do processo de comunicação.

2. *Imagem dos Outros*

A imagem mantida a respeito das outras pessoas que participam do ambiente de comunicação também determina a natureza, a qualidade e o nível da comunicação. Há uma tendência a ouvir com menos atenção, a interromper e a contra-argumentar a comunicação de quem julgamos menos entendidos e capazes que nós. Por outro lado, a tendência é inversa se a imagem que temos dos outros é a de que sejam capazes.

3. *Definição da Situação*

A formalidade ou informalidade da situação, a definição de papéis estabelecida, as linhas de inter-relacionamento face a essa definição influem sobremaneira no processo de comunicação, pois nossa maior ou menor atenção a ele corresponderá a nossa percepção da situação.

4. *Motivos, Sentimentos, Intenções, Atitudes*

Motivos, sentimentos, intenções, atitudes, são fatores que nos predispõem a perceber e agir de certa maneira em relação a um fato, circunstância, situação ou pessoa. Portanto, nossa comunicação será diferente segundo esses fatores.

5. *Expectativas*

As expectativas, isto é, o que esperamos com relação ao comportamento e reação dos outros face à nossa comunicação determina como nos comunicamos. Por exemplo, se nossas expectativas são de que a outra pessoa reagirá negativamente ao que temos a dizer, escolheremos com cuidado nossas palavras.

Como o processo de consultoria é um processo de comunicação, o consultor deve buscar desenvolver a habilidade de análise e de compreensão de todos os fatores possíveis que interferem na emissão de suas mensagens, bem como na recepção das mesmas. Após isso, será capaz de controlar o processo de comunicação para torná-lo mais eficiente. Como a comunicação também é o conteúdo do processo de consultoria, de sua habilidade em auxiliar os outros na análise e compreensão de sua comunicação se assenta o sucesso do seu trabalho.

Como Iniciar e Desenvolver a Consultoria

A consultoria, sendo um processo, não tem fórmula pronta de ação específica. O seu desenvolver, que depende do contexto em que ocorre, é que lhe dá as características específicas.

Pode-se, no entanto, estabelecer alguns parâmetros ou linhas de ação básicos e gerais que norteiam o processo. Para a sua iniciação como forma sistemática de ação os passos são:

1. Estabelecer as linhas, sentido e objetivos gerais da consultoria em função do contexto específico em que o processo será implantado.

2. Identificar a prontidão dos elementos do contexto para o desenvolvimento do processo.

2.1. Identificar comportamentos e eventos que se harmonizam com as linhas, sentido e objetivos gerais da consultoria, estabelecendo a sua extensão e freqüência.

2.2. Identificar comportamentos e eventos que se incompatibilizam com as linhas, sentido e objetivos gerais da consultoria, estabelecendo sua extensão e freqüência.

3. Identificar, face ao levantamento do item 2, as mudanças necessárias a fim de se dar início ao processo de consultoria; essas mudanças se constituirão nos primeiros objetivos específicos do processo.

4. Planejar a implantação do processo de consultoria estabelecendo os seus objetivos gerais e específicos e as ações e cronograma para realizá-los.

5. Implementar o planejamento.

CONCLUSÕES

O centro de atenção máxima da escola deve ser o aluno. A escola existe em função dele, e, portanto, para ele. A sua organização, em qualquer dos seus aspectos, deve ter em vista a consideração do fim precípuo a que a escola se destina: a criação de condições e de situações favoráveis ao bem-estar emocional do educando, e o seu desenvolvimento em todos os sentidos: cognitivo, psicomotor e afetivo, a fim de que o mesmo adquira habilidades, conhecimentos e atitudes que lhe permitam fazer face às necessidades vitais e existenciais.

Na promoção dessas condições e situações, um dos fatores mais decisivos é o professor. Suas atitudes, práticas, desempenhos promovem um impacto significativo no educando, pois elas influem na imagem que os educandos formam da escola, no processo educativo em geral, na imagem de si mesmos, e, é claro, em aspectos particulares de sua aprendizagem. Portanto, toda atenção deve ser dada ao desenvolvimento de atitudes, habilidades e conhecimentos do professor para que possa promover um processo educativo relevante.

O exercício de direção, supervisão escolar e orientação educacional se constituem em papéis-meios, que garantem a melhoria do processo educativo. Sua assistência e apoio ao professor, no sentido de que esteja cada vez melhor preparado ao desempenho de suas funções, é vital. Para que possam prestar esse apoio e assistência, faz-se necessário, no entanto, que não só atuem integralmente, somando esforços, assumindo um ponto de vista comum, mas também que adquiram habilidades para tal. O processo de consultoria constitui uma estratégia de ação que não só facilita a assistência preconizada, como também revigora o desenvolvimento da escola como um todo, promove e reforça o ponto de vista de ação integrada.

REFERÊNCIAS BIBLIOGRÁFICAS

ARBUCKLE, D. S., The Counselor: who? what?, *Personnel and Guidance Journal,* 1972, vol. 50, p. 785-790.

BERGAN, John R., *Behavioral Consultation,* Columbus, Charles E. Merril, 1977.

COGAN, Morris L., *Clinical Supervision,* Boston, Houghton Mifflin Company, 1973.

COOK, David R., The Change Agent Counselor: A conceptual context, *The School Counselor,* 1972, vol. 20, p. 9-16.

COREY, Stephen M., A More Wholesome Balance., In: LEEPER, Robert R. & WILHELMS, Fred T. (coord.), *Supervision: Emerging Profession,* Washington D.C., ASCD, 1969.

DUSTIN, Richard, Training for institutional change, *Personnel and Guidance Journal,* Vol. 52, 1974, p. 422-427.

FEYEREISEN, Kathryn; FIORINO, A. John & NOWAK, Arlene T., *Supervision and Curriculum Renewal,* New York, Appleton-Century-Crofts, 1970.

FOSTER, Richard, Poise under pressure, In: LEEPER, Robert R. & WILHELMS, Fred T. (coord.), *Supervision: Emerging Profession,* Washington, D.C., ASCD, 1969.

HUCKINS, Wesley C., Interpersonal relationships and communication, In: H.W. Bernard & W.C. Huckins, *Dynamics of Adjustment,* Boston, Holbrook Press, 1971.

KAUFMAN, Roger A., *Planificación de sistemas educativos — ideas básicas concretas,* México, Trillas, 1978.

KOCH, Joseph H., The trouble with counseling, *The School Counselor,* Vol. 19, 1972, p. 173-179.

KORAN, John J. JR., Supervision: An attempt to modify behavior, In: LEEPER, Robert R. & WILHELMS, Fred T. (coord.), *Supervision: Emerging Profession,* Washington, D.C., ASCD, 1969.

KURILOFF, Peter J., The Counselor as psychoecologist, *Personnel and Guidance Journal,* Vol. 51, 1973, p. 321-327.

LÜCK, Heloísa, *A orientação educacional como serviço e como processo,* Curitiba, FENOE, APOE, 1978.

— *An Investigation of the Roles and Functions of the School Counselor in Curitiba, Brazil,* Tese de doutorado. Teachers College, Columbia University, New York, 1979.

— *Perspectivas para uma integração entre a orientação educacional e a supervisão educacional,* APARSE, 1979. (mimeo.).

MILES, Johnnie H. & HUMMEL, Dean L., Consultant training in counselor education programs, *Counselor Education and Supervision,* Vol. 19, 1979, p. 49-53.

MINISTÉRIO DA EDUCAÇÃO E CULTURA, Secretaria de Ensino de 1º e 2º Graus. *Sistema integrado: supervisão escolar orientação educacional,* 2. ed., Brasília, MEC 1979.

REEDER, Ward G., *A First Course in Education,* New York, The MacMillan Company, 1943.

ROCKEFELLER BROTHERS FOUNDATION, *The Pursuit of Excellence,* New York, Doubleday, 1958.

SANDER, Benno, *Educação brasileira — valores formais e valores reais,* São Paulo, Editora Pioneira, 1977.

SCHEIBE, Karl E., and SPACCAQUERQUE, Maria Elci, The social regulation of responses to moral dilemmas among Brazilian school children, *Journal of Cross-Cultura Psychology,* Vol. 7, 1976, p. 439-450.

SCHEIN, Edgard H., *Process Consultation: Its Role in Organization Development,* Reading, Mass., Addison-Wesley, 1969.

SCHMIDT, Maria J. & PEREIRA, Maria de Lourdes de S., *Orientação educacional,* Rio de Janeiro, Agir, 1969.

SHERTZER, Bruce & STONE, Shelley C., *Fundamentals of guidance,* 2. ed., New York, Houghton Mifflin, 1971.

STEWART, H. LAWRENCE & WARNATH, Charles F., *The Counselor and the Society — a Cultural Approach,* Boston, Houghton Mifflin Company, 1965.

SMITH, Glenn E., *Counseling in · the Secondary School,* New York, The MacMillan Company, 1955.

TYLER, Leona E., *The Work of the Counselor,* 3. ed., Englewood Cliffs, N. J., Prentice-Hall, Inc., 1969.

WALZ, Garry R. & BENJAMIN, Libby, *On Becoming a Change* Agent, Ann Arbor, Michigan, ERIC/CAPS, 1977.

WILES, Kimball. *Supervision for better schools.* Englewood Cliffs, N.J., Prentice-Hall, 1967.

ZAHORIK, John A. Supervision as value development. *Educational leadership.* Vol. 35, 1978, p. 667-669.